Alfred Uhl
1909 – 1992

# 48 Etüden
## 48 Studies

für Klarinette
for Clarinet

Heft 1 / Book 1

**KLB 12**

ISMN 979-0-001-09807-6

Heft 2 / Book 2
KLB 13

www.schott-music.com

Mainz · London · Berlin · Madrid · New York · Paris · Prague · Tokyo · Toronto
© 1940 SCHOTT MUSIC GmbH & Co. KG, Mainz · Printed in Germany

# 48 Etüden

Alfred Uhl

4

**Moderato** ♩ = 96

**3**

**Con brio** ♩ = 84

4

**Allegro** ♩ = 108

7

*In verschiedenen Bindungen zu üben / A étudier avec différentes liaisons / To practice in the following manner*

**Allegro** ♩ = 108

8

**Allegro** ♩ = 120

9

**Allegretto** ♩ = 96

12

**Allegro ma non troppo** ♩. = 92

14

15

**Allegro giusto** ♪ = 144

**Allegro di bravura** ♩= 120

16

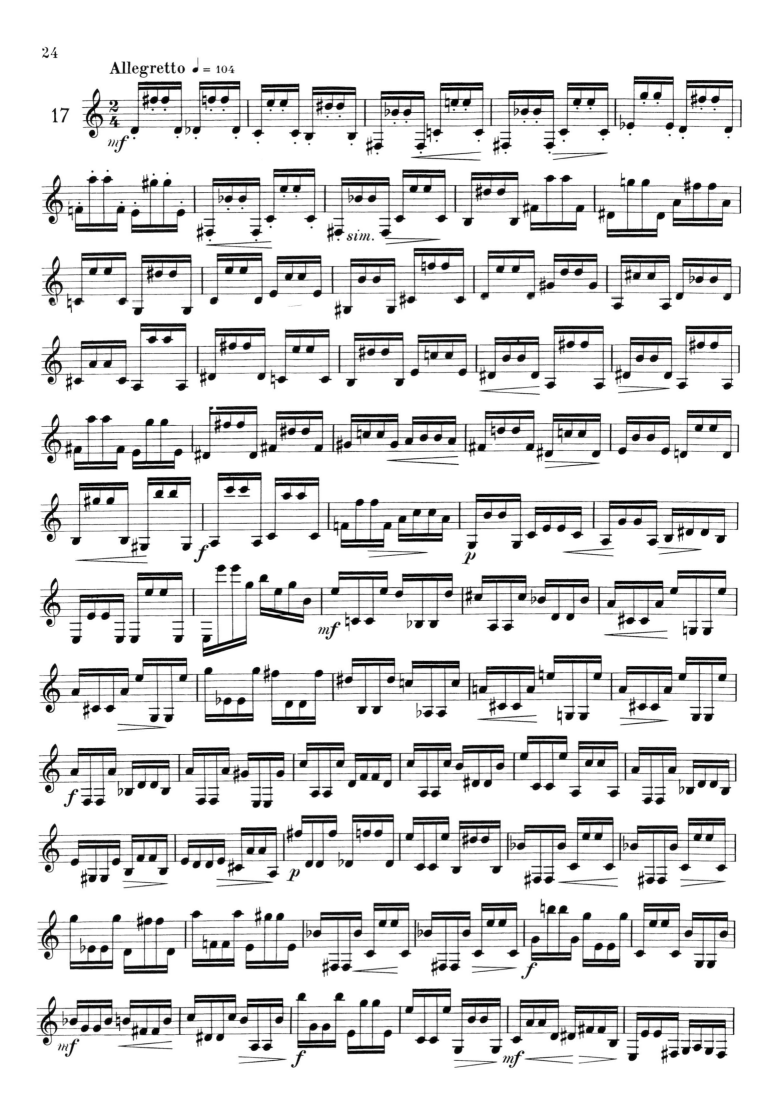

**Con moto, cantabile**

18

Con moto, molto cantabile ♩.= 100

20

**Allegro** ♩. = 120

21

29

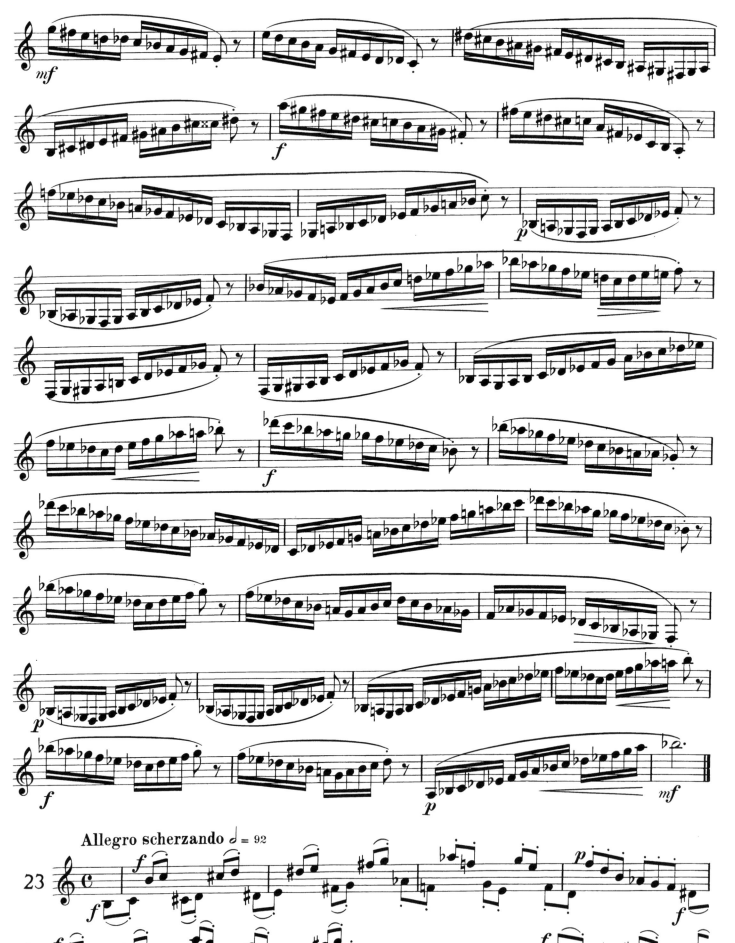

**Allegro scherzando** ♩ = 92

23

**Presto** ♩ = 144

24